AF343698

LETTRE

SUR

MELANIDE,

ET SUR LE JUGEMENT qui en a été porté dans le Temple de la Critique, par MM. DESPREAUX, DE FENELON, RACINE, MOLIERE, ET DE LA MOTHE.

A PARIS,

Chez F. G. MERIGOT, Quay des Augustins, à l'Image S. Louis.

M. DCC. XLI.

LETTRE

SUR

MELANIDE,

ET SUR LE JUGEMENT

qui en a été porté dans le Temple de la Critique, par MM. DESPREAUX, DE FENELON, RACINE, MOLIERE, ET DE LA MOTHE. *

MONSIEUR,

VOUS partagez sans doute avec moi l'intérêt que je prends à la Comédie nouvelle. La reconnoissance, que nous devons à l'Auteur, pour le plaisir qu'il nous a procuré, n'est pas le seul motif qui nous attache à *Melanide* ; nous lui tenons encore par d'autres liens : c'est une Bretonne, une Compatriote. Quelle satisfaction, Quelle gloire pour nous, de voir une Dame de notre Pays honorée de l'admiration publique & de l'hommage de tous

* Voyez le Jugement sur Mélanide, brochure. A Paris, chez Clement, Quay de Gêvres.

les cœurs ! Nous regardera-t-on, après cela, comme des Ours, sur-tout quand on sçaura que la Piéce de Monsieur de la Chauffée eſt moins une fable, qu'une Hiſtoire ; que l'aimable Comteſſe d'*Ormance* eſt réellement née en Bretagne, mais ſous un autre nom, & que la nature ne lui avoit refuſé aucun des agrémens, dont le Poëte & le Théâtre ont pris ſoin de l'embellir ? Je me flatte qu'on nous fera deſormais l'honneur & la juſtice de nous admettre au rang des humains : nous en aurons l'obligation à la douceur, aux mérites, aux attraits de *Mélanide*. Je vous crois donc très-curieux de tout ce qui peut avoir le moindre rapport à ce Poëme charmant : c'eſt dans cette idée que je vous fais part de ce qui va ſuivre.

J'allai l'autre jour Chez M.... j'y trouvai fort bonne compagnie ; on parloit de *Mélanide*, on en diſoit beaucoup de bien, j'applaudiſſois de tout mon cœur. Une perſonne, qui m'eſt inconnuë, entra ; c'étoit un jeune homme vêtu de noir ; il eſt d'aſſez bonne mine : ſa taille reſſemble à celle de Bertrand du Gueſclin. Je le pris pour un Breton ; je me trompois ; je m'en apperçus d'abord. Son langage n'eſt pas ſimple & naturel. Je n'ai rien à dire de ſon jugement. Son eſprit eſt de ceux qu'on appelle *legers* ; c'eſt-à-dire, qui ſont toujours en l'air, & à qui il ſeroit inutile de demander où ils vont, où ils veulent aller.

En entrant, il avoit entendu le nom de *Mélanide*. *Mélanide*, dit-il ? Je vous apporte, Meſſieurs, l'arrêt qui décide ſon ſort. Il vient d'être prononcé *dans le Temple de la Critique* : La Déeſſe a nommé pour ſes Juges Meſſieurs *Deſpreaux, de Fenelon, Racine, Moliere, & de la Mothe*, & voici leurs déciſions. Il tenoit un papier en main ; on le pria de lire, mais il avoit envie de raconter ; C'eſt le foible des Voyageurs. Le Temple de la Divinité, ſon portrait, le caractére de ſes Courtiſans, rien ne fut oublié. Le Temple fut achevé en un moment. Je croirois aſſez que ce n'eſt pas le premier dont il ait tracé le plan ; on ne ſe tire pas ſi facilement d'un coup d'eſſai. Les Courtiſans furent caractériſés d'une maniere qui me ſurprit ; chaque caractére ne lui coutoit qu'un mot. Quelle préciſion ! Le portrait de la Divinité fut bien reçu de toute l'Aſſemblée ; il méritoit les éloges qu'on lui donna. Après ce préambule tout-à-fait étranger à la Comédie nouvelle, dont il devoit nous entretenir, il nous apprit qu'on venoit de la jouer en préſence de la Critique & de toute ſa Cour. Sans doute qu'il fut aſſis à cette Repréſentation parmi *les Mylords* * *& les Pairs de* * Jug. p. *l'Empire des Lettres.* Il eſt *monté ſur un ton* qui 4. le rend digne de cet honneur. Pour moi, *Membre des Communes,* j'étois au Parterre de la Comédie debout, & fort à l'étroit. A cela près, je ſuis auſſi content qu'il peut l'avoir été, s'il a trouvé dans le *Temple de la Critique* des Acteurs *choiſi par le goût,* & *généralemeñt applaudis.* Je n'ai rien à déſirer de ce côté-là. Le Théâtre François a prêté aux Beautés de *Mélanide* des Acteurs qui les ont ſenti parfaitement, & qui les ont exprimé de même. Cependant je n'oſerois aſſurer, *qu'à la reconnoiſſance* * *de Mélanide avec ſon fils,* Darviane & ſamere ayent fait *paroître cette ſorte de joie mêlée de douleur, que Rubens a ſi bien exprimée dans ſes* * Jug. p. *Tableaux du Luxembourg.* Au moment de cette 9. reconnoiſſance je jouiſſois de tout le plaiſir de mes larmes, je ne ſongeois ni à Rubens, ni à ſes Tableaux. Je ne ſuis pas aſſez fami-

A iiij

lier avec la Peinture, pour qu'elle vienne me
diftraire dans le plus bel endroit d'une Comédie, joué par la Demoifelle *Gauffin*. Je ne
fçais comment on a pû lui confeiller *d'aller de
tems en tems au Temple de la Critique*. Qu'iroit-
elle chercher ? * *Sa maniere* n'a pas befoin
de *prendre de nouvelles forces*. La Demoifelle
Gauffin fçait aller au cœur ; fes fuccès doivent
lui fuffire, & la flatter infiniment : ils vont
toujours au-delà de l'admiration.

Venons à la lecture du *Jugement fur Mélanide*. Je ne l'entendis pas avec tout le plaifir
que je m'en étois promis. Mon amour-propre fut trop mortifié. Je demandai, fans façon, fi l'on pouvoit efperer une copie d'un
jugement fi remarquable. Celle qu'on venoit
de lire me fut cédée avec la politeffe d'un
Auteur, qui feroit prefent de fes Ouvrages.
Je la reçus, je fis de grands remerciemens
& je me retirai.

Je vous ai dit, Monfieur, que mon amour-
propre s'étoit trouvé mortifié pendant la
lecture du *Jugement fur Mélanide*. En voici la
raifon.

Il m'eft arrivé de faire des obfervations
fur cette Piéce depuis qu'elle eft imprimée.
Mes obfervations font rarement conformes
au fentiment des *Maîtres du genie*. * Je fuis
donc prefque fûr d'avoir tort. Ma petite vanité, qui voudroit avoir raifon, l'emporte
fur le refpect, que je leur dois. Je vais oppofer mes doutes & mes opinions au jugement
& aux décifions qui partent d'un Tribunal
fi refpectable. Me pardonnerez-vous de me
mefurer avec les plus Grands Hommes du
fiécle paffé ? Pourquoi non ? Je puis les regarder comme mes Contemporains dans un
Ouvrage fait de nos jours. Cette égalité me
difpenfe d'une foumiffion aveugle. Qu'ai-je

à craindre d'ailleurs ? Je jouis du triste a-
vantage d'écrire incognito. Si mon Ouvrage
s'attire des ennemis, ce que je ne prévois pas,
mon obscurité les empêchera de devenir les
miens.

Avant de commencer je dois vous avertir
qu'en parlant de l'Epoux de *Melanide*, je l'appelle indifferemment, ou le Marquis *Dorvigny*,
ou le Comte d'*Ormancé*. Ces deux noms lui
conviennent également & ne doivent repan-
dre aucune obscurité sur la suite de mes observations.

Je commence par *le choix du Sujet* * qui fut
soumis aux lumieres de Monsieur Despreaux.
Quoique le sujet de la Piéce nouvelle lui paroisse intéressant, il ne prononce pas en sa
faveur. Il ne sçait quel nom donner à *Mélanide* ; il trouve dans ses avantures plûtôt le
fonds d'un Roman, *que la matiere d'une Comédie*. Il reproche à l'Auteur d'avoir sacrifié le
goût ordinaire au goût de la nouveauté, &
le désir d'être utile au désir de plaire.

Je l'avouerai, j'ai méconnu Monsieur *Despreaux* dans ce Jugement : & à dire vrai, on
aura de la peine à croire, qu'un homme aussi
solide, s'amuse à disputer sur les noms. C'est
une petitesse qu'on ne devoit pas attendre
d'un génie tel que le sien. Quel nom donner à Mélanide ? On ne le sçait pas. Eh !
qu'importe ? Je le demande à M. Despreaux
lui-même. Cette incertitude a-t'elle retenu
ses larmes ? A-t'elle fermé son cœur aux ten-
dres sentimens que *Mélanide* fait naître ? A-
t'elle dérobé son esprit à la plus legere cir-
constance d'une avanture si touchante ? A-
t'elle diminué en aucune façon ce plaisir af-
fectueux, cette douce émotion, qui fait les
délices d'un homme de goût ? Je suis per-
suadé que non. J'oserai donc lui dire : Laiss-

sez, M. laissez ces scrupules, ces disputes sur le nom d'une Piéce à des Auteurs * ingénieux, qui badineront toujours avec succès, & qui perdroient beaucoup à devenir sérieux, ou bien à ces esprits subalternes, dont les lumieres ne percent point jusqu'au fond. L'écorce ne doit pas vous arrêter ; il est indigne de vous de ramper sur la surface des choses ; c'est le partage des Insectes.

Dira-t'on qu'on ne sçauroit avoir une idée fixe d'une Piéce, dont le nom est si difficile à déterminer ? La Piéce nouvelle me défendroit toute seule de me rendre à cette objection. Je trouve dans *Mélanide* une femme de qualité, prête à devenir, par l'infidélité de son mari, & la Mere & l'Epouse la plus malheureuse. Cette idée est-elle incertaine ? N'est-elle pas précise & déterminée ? Pour moi, content de l'objet qu'elle me présente, je regarde *Mélanide* comme un Ouvrage Dramatique, sans m'embarrasser du nom, qu'on voudra lui donner. Je remarquerai seulement que Monsieur Despreaux, en lui refusant le nom de Comédie, ne devroit pas en apporter pour raison, que, *tout ce qui ne retrace point le ridicule des mœurs, ne mérite pas ce nom.* * L'objet de la Comédie est plus étendu que le *ridicule des mœurs.* Les défauts qui rendent méprisable, & les vices qui rendent odieux, sont également soumis à sa critique. Si je me trompe, l'*Imposteur* de Moliere en est cause. C'est une vraie Comédie : Cependant on ne doit pas la placer au rang des Piéces qui *retracent le ridicule des mœurs.* Elle attaque un vice essentiel, & ce n'est pas en badinant. *Tartufe* ne m'a jamais fait rire ; son caractère ne m'a inspiré que la haine & l'horreur. Il n'est donc pas exactement vrai, *que tout ce qui ne retrace point le*

ridicule des mœurs , ne merite pas le nom de
Comédie. Il eſt dangereux d'avancer des ma-
ximes générales ; elles ne font pas toujours
honneur à l'eſprit qui les enfante.

Monſieur Deſpréaux trouve dans les malheurs de Mélanide *le fonds d'un Roman.* Il a
raiſon, il a tort, quand il ajoûte, *plûtôt que
la matiere d'une Comédie.* Ne diſputons plus
des noms : que Monſieur Deſpreaux me per-
mette d'appeller Comédies toutes les Piéces
de Théâtre qui ne s'élevent pas à la Majeſté
du Cothurne. Je ſoutiens que le fond d'un
Roman peut être la matiere d'une excellente Comédie. Je n'établirai point cette vérité par de longs raiſonnemens ; ils ſeroient
inutiles , & par conſéquent ennuyeux. Je ne
reclamerai que le témoignage des perſonnes
qui fréquentent le Théâtre. Qu'on repré-
ſente une avanture agréable & touchante ;
que l'intrigue ſoit conduite avec habileté ;
que les caractéres ſoient naturels & ſoute-
nus ; que les actions & les paroles, dirigées
par la vraiſemblance, forment un tout ré-
gulier , le Spectateur s'amuſera-t'il à examiner ſi le ſujet eſt réel, ou bien imaginaire ,
s'il eſt puiſé dans une Hiſtoire, ou dans un
Roman ? Il n'aura garde de ſacrifier des mo-
mens précieux à d'inutiles réflexions. Il ſent
le plaiſir qui ſe gliſſe dans ſon cœur ; il le
réçoit, il le goûte ; il eſt content, que peut-
il déſirer de plus ? Qu'on l'inſtruiſe , qu'on
le corrige, répondra M. Deſpreaux , & voilà , dira-t'il, ce que M. de la Chauſſée a négligé de faire. *Il a ſacrifié le déſir d'être utile ,
au déſir de plaire. *

Je pourrois dire que ce ſacrifice n'eſt pas
un grand crime dans un Auteur Dramatique. Je pourrois le prouver par l'autorité

par l'exemple des Anciens; mais je ne veux pas faire le sçavant mal-à-propos. J'aime mieux tirer M. Despreaux d'une erreur qui le rend injuste à l'égard *de Melanide*.

Il s'imagine que la Comédie est très-utile aux mœurs quand elle paroît armée des traits de la satyre, & qu'elle ne l'est plus quand on ne lui prête que les attraits d'une éloquence douce & persuasive. Pour penser de la sorte, il faut avoir oublié que les hommes sont vains & sensibles ; que la vanité est toujours en garde contre tout ce qui peut l'offenser ; que c'est une Egide qui nous rend inaccessibles aux atteintes d'une satyre vague & générale. En effet de cent traits ridicules & piquants qui partent du Théatre, aucun ne porte coup. Notre amour-propre sçait les éluder avec adresse & les détourner sur les objets qui nous environnent.

Mais qu'on nous présente des principes de sagesse & des sentimens de vertu, nous allons au-devant pour peu qu'on sçache nous intéresser. Nous sommes sensibles, nous ne résistons point aux graces de la persuasion.

Ce n'est donc pas en vain que M. de la Chauffée *a mis dans la bouche de Melanide une* P. 11. *excellente morale.* * Chaque spectateur aime à devenir le fils d'une mere si charmante ; il écoute ses leçons avec complaisance, il lui promet tendrement de ne les pas oublier, & peut-être qu'il les met à profit. Si M. Despreaux en appelle à l'expérience, je lui déclare qu'elle ne dépose ni contre moi, ni pour lui, qu'il me nomme un hypocrite que *Tartufe* ait corrigé, un Joueur que le *Maître d'Hector* ait arraché au Pharaon, un glorieux que le *Comte de Tuffiere* ait rendu modeſte. J'oſe l'en défier , & je lui dirai moi , qu'après avoir vû jouer aſſez ſouvent la Comédie , il ne m'en reſte pas un ſeul vers qui bleſſe ma vanité. Mais je ne pourrai jamais oublier ceux-ci.

Si vous m'aimez autant que je crois l'entrevoir,

Ayez donc ſur vous-même un peu plus de pouvoir ;

Vous voyez quel doit être un jour votre partage,

Il faut au fond des cœurs vous faire un hérita-
ge ,

Leur conquête n'eſt pas l'ouvrage d'un moment ;

On les gagne avec peine , on les perd aiſément,

Mais la douceur attire & retient ſur ſes traces ,

L'amitié , la faveur , la fortune & les graces.

La hauteur n'a jamais produit que des malheurs. * * Melan,
p. 87.

Toutes les fois qu'ils me reviennent je me crois aux genoux d'une mere tendre & vertueuſe. Je reçois avec docilité ces avis ſalutaires , & je me propoſe de les ſuivre dans l'occaſion.

Je ne penſe donc pas qu'on ait la moindre raiſon de regarder la Piéce nouvelle comme inutile aux mœurs. M. Deſpreaux va plus loin. *Plus la Piéce eſt ingenieuſe ,* dit-il, *plus le goût des avantures ſe fortifie parmi la jeuneſſe,* * Je défie qu'on puiſſe faire une ré- * P. 11
fléxion moins ſenſée & plus injuſte. Quel du Jug
rapport y a-t-il entre le plus ou le moins d'eſprit qu'un Auteur met dans une Comédie , ou le plus ou le moins de goût que la

jeuneſſe prend pour les avantures ? Je ſuis preſque ſûr que M. Deſpreaux ne s'eſt pas entendu lui-même dans cette occaſion. D'ailleurs, par quel endroit *Melanide* peut-elle fortifier le goût de la jeuneſſe pour les avantures ? Seroit-ce par un arrêt fletriſſant, par la perte de ſa fortune, par dix-ſept ans de larmes ? Entraîne-t'on dans l'égarement en faiſant voir le précipice où il conduit ? M. Deſpreaux ſe deshonore lui-même dans cet endroit de ſa critique. Sur l'article des mœurs, il devoit reſpecter la réputation de M. de la Chauſſée. Son Théatre a toujours été regardé comme une école de ſageſſe & de vertu.

Je m'éloigne de plus en plus des ſentimens de M. Deſpreaux ; qu'il ne s'attende donc pas qu'à ſon exemple je reproche à l'Auteur de *Melanide* de s'être laiſſé ſéduire par l'amour de la nouveauté, M. de la Chauſſée eſt entré dans la carriere, où ſon génie l'appelloit. Il l'a fournie avec gloire ; il ne mérite que des éloges : Eh ! que pourroit-on lui reprocher ? de réunir dans un même ouvrage tout ce que le comique a de plus fin & tout ce que le tragique pourroit offrir de plus touchant. Blâme ce mêlange qui voudra ; pour moi je m'en accommode très-bien. Aimer le changement juſques dans les plaiſirs c'eſt le goût de la nature. Ce goût eſt ſatisfait par la piéce nouvelle, on paſſe d'un plaiſir à l'autre ; on rit, on pleure tour à tour. Ce genre de ſpectacle eſt nouveau, ſi l'on veut : mais l'Auteur a pour lui le ſuffrage de la raiſon & de la nature ; l'autorité du beau ſexe ; les applaudiſſemens du public. M. Deſpreaux n'a de ſon côté que le préjugé ; je l'abandonne à l'eſclavage ;

qu'il adore les Anciens. Pour moi j'eſtime infiniment les Modernes qui reſſemblent à M. de la Chauſſée.

M. Deſpreaux finit ſa critique par s'ériger en Prophéte ; il annonce à *Melanide* que *ſa gloire ne paſſera pas à la poſterité. On peut juger de la certitude de ſa prophétie par la juſteſſe de ſes déciſions. Pour moi je penſe que *Melanide* vivra toujours dans les cœurs ſenſibles & vertueux. Mais à l'égard du jugement de M. Deſpreaux, j'oſe avancer que perſonne ne le lira ſans le trouver indigne du nom qu'il porte. Je n'y vois aucun trait de reſſemblance avec les autres écrits d'un Auteur ſi judicieux. * P. 12 du Ju

L'ordonnance du Poëme * fut examinée dans le Temple de la Critique, après le choix du ſujet. M. de Fenelon déclare *que tout ce que la fortune de Melanide pouvoit fournir de plus intéreſſant*, l'Auteur *l'a ſaiſi avec habileté* : j'en conviens avec M. de Fenelon. Mais il change tout d'un coup d'opinion & ſemble envier à M. de la Chauſſée l'éloge qu'il vient de lui donner. *Je ne vois pas*, dit-il, *pourquoi l'Auteur a voulu dérober à nos yeux la reconnoiſſance de Melanide avec le Comte d'Ormancé. Ne s'eſt-il pas privé de ce que ſon Poëme lui fourniſſoit de plus intéreſſant ?* * Voilà M. de Fenelon en contradiction avec lui-même. Un peu plus d'attention lui auroit épargné cette honte ; il auroit vû, comme je crois l'avoir apperçu moi-même, pourquoi l'Auteur n'a pas mis en œuvre la reconnoiſſance de Melanide avec le Comte d'Ormancé. * P. 122 du Ju * P. 13 du Jug

Il eſt inutile d'obſerver qu'elle ne pouvoit trouver place dans les premiers Actes ; l'attention la plus légére ſuffit pour faire concevoir que cette reconnoiſſance ſuppoſée,

l'oppofition de Melanide au mariage de Darviane avec Rofalie ; le parti que prend Dorifée en conféquence , qui eft de promettre
fa fille au Marquis d'Orvigny , l'infulte que
le Marquis reçoit de Darviane ; en un mot
que les incidens qui foutiennent la piéce
jufqu'à la fin , n'auroient dû ni pû arriver.
Il auroit donc fallu placer cette reconnoiffance à la fin de la Piéce auprès de deux
autres reconnoiffances ; le bon goût ne ra-
proche point trois événemens tout-à-fait
femblables. Les belles chofes perdent à être
fi fouvent répétées. On ennuye quand on
veut fe faire admirer trop long-tems. M. de
la Chauffée s'eft contenté de nous offrir
une jufte mefure de beautés dans la reconnoiffance de la mere & du fils , dans celle
du fils & du pere : Il a fupprimé celle des
deux époux comme la moins propre à nous
intéreffer. Il ne s'eft pas trompé. Darviane
ne connoît point Melanide pour fa mere. Il
n'a que des foupçons fur ce qui regarde le
Comte d'Ormancé. On doit à fon ignorance ce qu'il y a de plus touchant dans la
premiere reconnoiffance : Son incertitude eft
l'ame de la feconde. L'ignorance , l'incertitude n'auroit pû avoir lieu à l'égard
de *Melanide* & du Comte. Ils fe connoiffent
tous deux ; tout ce qui s'eft paffé dans les
premiers Actes ne leur permettoit plus le
plaifir de la furprife ; leur reconnoiffance
n'auroit point donné lieu , comme les deux
autres , à un difcours tendre & patétique ;
elle auroit été fubite & n'auroit fait qu'une
foible impreffion fur l'efprit des fpectateurs.

Que M. de Fenelon ne regarde donc plus
cette reconnoiffance comme le morceau le
plus intéreffant de tout le Poëme. Qu'il

reprenne

reprenne son premier sentiment. Il avoit
raison de dire que l'Auteur a saisi avec habileté tout ce que *Melanide* fournissoit de
plus beau & de plus intéressant. Mais *a-t-il
disposé son sujet en Maître ?* Je ne suis pas ici
du sentiment de M. de Fenelon, je ne trouve point l'ordonnance du Poëme *assez régu-
liere* dans *Melanide.* L'Auteur ne fait entrer
dans son dessein que de belles parties, il est
vrai ; mais chaque partie n'y est pas à sa
place. L'amour de Darviane & de Rosalie
n'est que le second intérêt ; il occupe tout
le premier Acte : il n'est donc pas à sa place,
l'intérêt de Melanide auroit dû le précéder.
Cette faute, comme l'a remarqué M. *Racine,* ** P. 16.
fait prendre le change au spectateur : mais du Jug.
la remarque de M. Racine auroit eu plus
de justesse dans la bouche de M. de Fenelon. Ce défaut du premier Acte, qui n'est,
si j'ose m'exprimer ainsi, qu'un manque de
subordination, attaque moins *l'unité d'action,*
que *l'ordonnance* du Poëme sur laquelle il
avoit à prononcer.

J'applaudis *à l'Auteur du Télémaque,* quand
il dit que l'amour du Comte d'Ormancé
pour Rosalie est la base sur laquelle tout le
Poëme est appuyé : Rien n'est plus vrai.
Mais que *l'amour du Comte paroisse trop violent
pour qu'il puisse renoncer sitôt à Rosalie en faveur
de Melanide,* & que par cette raison *le dé-
nouëment pêche contre la vrai-semblance.* * Je * P. 13.
ne sçaurois en convenir.   du Jug.

Si l'amour du Comte pour *Rosalie* est violent, il est aussi vivement combattu. L'honneur, la vertu, la pitié, une premiere passion mal éteinte, la nature, tout parle élo-
quemment en faveur de *Melanide.* Le cœur
le plus passionné ne devient pas impénétra-

ble à des coups portés avec tant de force.
Qu'on ne soit donc pas surpris si le Comte
se rend enfin à *Melanide*. Cette tendre épouse vient lui faire ses adieux, elle lui recom-
mande son fils, qui est encore à ses pieds,
Elle n'ose lui demander son cœur. Le Comte
est le témoin d'une Scene si touchante; dans
quel moment? lorsqu'il ne peut se dissimu-
ler à lui-même, qu'il n'a plus rien à préten-
dre sur le cœur de Rosalie : car enfin il doit
penser que, Dorisée, que, Theodon, que,
Rosalie elle-même le connoissant pour l'é-
poux de *Melanide*, il ne lui reste aucune es-
pérance du côté de ses nouvelles amours.
L'Auteur a donc mis le Comte *d'Ormancé*
dans la nécessité de reprendre sa premiere
chaîne ; il la reprend. La vrai-semblance la
plus exacte n'est-elle pas observée dans ce
dénoüement ?

Mais ne le découvre-t'on pas dès le troisiéme Acte ? * Je ne sçais que répondre. Je
me fis la même question à la premiere re-
présentation de cette Piéce. Il me semble
cependant que la connoissance, que le Marquis a donnée dans le second Acte de la violence de son amour pour Rosalie, doit jetter des doutes dans l'esprit des spectateurs
sur le parti qu'il prendra à l'égard de *Melanide*. La resistance qu'il oppose aux vives
instances de Theodon, augmente l'incertitude, qui devient entiere à la fin même du
troisiéme Acte, lorsque Darviane apprend
à Theodon, que son mariage avec Rosalie
est rompu, & que le Marquis a été mandé
par Dorisée dans des circonstances si favo-
rables à son amour. Le Marquis en effet
peut conclure sur le champ son alliance avec
Rosalie. Ce n'est donc pas la faute de M. de

* P. 14. du Jug.

la Chaussée si l'on perd le plaisir de la surprise. Le spectateur ne doit s'en prendre qu'à
lui-même. Le dénouement ne se découvre
que par ce raisonnement, qu'aucun Auteur
ne peut empêcher de faire. Le dénouement
d'une Comédie est presque toujours heureux. Celui-ci seroit malheureux, si Darviane & Rosalie, si le Marquis & *Melanide* n'étoient pas réunis, leur réunion sera
donc le dénouement de la piéce. Un Auteur est repréhensible, non pas quand on
prévient le dénouement par des conjectures
qu'il ne peut écarter ; mais quand il le laisse
prévenir faute de conduite & de dexterité.

M. de Fenelon félicite l'Auteur de *Melanide* sur ce qu'il s'est élevé *au haut Comique*.
Je suis de moitié dans ce compliment: Je
ne voudrois pas cependant que l'exemple de
M. de la Chaussée fît oublier à tous les Auteurs les Rôles de suivante & de valet. J'aime
trop la charmante *Lisette* : *les Frontins*, *les
Crispins* m'ont fait rire de trop bon cœur,
& si j'étois long-tems sans les voir, je serois
peut-être assez fol pour tenter de remettre
sur la Scene des Acteurs si sûrs de plaire & de
réjouir. Je ne serois point arrêté par la réfléxion de M. de Fenelon, *qu'il n'est pas dans
nos mœurs de charger un valet d'une intrigue
considérable.* * Cette idée est fausse, je ne la
pardonnerois pas à un homme du monde ;
je la trouve excusable dans M. de Fenelon.
Il est permis à un Prélat d'ignorer l'usage
des ruelles & des toilettes.

J'aurai fort peu de choses à discuter avec
M. Racine, l'unité de tems, de lieu, d'action fut l'objet de ses décisions. *

L'unité d'action ne lui paroît pas exactement observée, parce que l'intérêt principal

* P. 14.
du Jug.

* P. 15.
du Jug.

n'eſt pas dominant dans le premier Acte,
Je l'ai déja remarqué : c'eſt une faute con-
ſidérable qui attaque directement l'ordonnance du Poëme. Mais on ne doit pas dire
qu'elle détruiſe l'unité d'action. Le ſecond
intérêt qui domine dans le premier Acte ,
n'y eſt point ſéparé de l'interêt principal.
La liaiſon ne s'apperçoit pas , mais elle eſt
réelle. Il ne faut , pour en convenir , que
faire réfléxion au deſſein de Doriſée ; elle
deſtine le Marquis Dorvigny pour époux à
ſa fille : ce projet eſt également contraire
aux eſpérances de Darviane & aux droits de
Melanide. Voilà donc les deux intérêts réellement liez dans le premier Acte comme
dans les ſuivans. L'unité d'action y eſt donc
conſervée ; je crois cette conſéquence exactement vraie.

L'unité de jour eſt parfaite dans *Melanide*,
tous les incidens pourroient arriver dans
l'eſpace de tems qu'on employe à la repréſentation.

M. Racine ne fait aucun reproche à l'Auteur ſur le lieu de la Scene , qui eſt la mai-
ſon de Doriſée ; cependant je m'y ſuis trouvé embarraſſé dans quelques occaſions, ſur-
tout au quatriéme Acte ; lorſque Melanide
apprend par un billet de Doriſée la querelle
de Darviane & du Marquis. Il auroit été ,
je crois , plus naturel de faire donner cet
avis à *Melanide* de vive voix : quoiqu'il en
ſoit , je ne ſerai point plus ſévére que M. Racine à l'égard de *l'unité de lieu*, je ſens com-
bien elle doit gêner un Auteur ; il faut ſe
prêter à ſes beſoins. C'eſt une eſpece de juſtice que de faire grace à des fautes qui ſont
légeres & preſque inévitables.

Les caractéres de la Piéce nouvelle ne

font pas oubliez. M. de Moliere les examine tous, excepté celui de *Dorifée*, qui
mérite cependant d'être remarqué.

Le caractére de *Melanide*, dit M. de Moliere, *eſt touché de main de maître*. Je penſe
à peu près de même : cependant je ſuis mé-
content de la conduite de Melanide, quand
elle s'oppoſe au mariage de Darviane avec
Rofalie. L'épouſe, la mere la plus tendre,
devoit-elle ſe refuſer à un arrangement qui
procuroit à ſon fils un établiſſement avan-
tageux & qui pouvoit lui rendre à elle-même le cœur de ſon époux ? La raiſon qu'elle
apporte de ſon refus, eſt plus ſpécieuſe que
ſolide. Son conſentement n'auroit pas été
inutile, comme elle le dit ; la connoiſſan-
ce de ſon état & de celui de ſon fils n'auroit pas porté Dorifée à rompre l'hymen de
ſa fille avec Darviane ; au contraire ce mariage devenoit très-avantageux à Rofalie par
la réunion de *Melanide* avec le Marquis. Dorifée auroit donc travaillé à cette réunion.
Voilà les réfléxions que la ſageſſe de Melanide devoit lui ſuggerer.

J'ai de la peine auſſi à concevoir comment la honte qui vient de lui fermer la
bouche devant Dorifée, lui permet de dire
à Theodon l'inſtant d'après :

Si j'allois me jetter aux pieds de Dorifée,

L'aveu de mon état feroit-il indiſcret ? *

* Voyez Melan. p. 74.

Enfin tendre comme elle eſt, je ne ſçais
qui la retient ſi long-tems, & l'empêche
de voler dans les bras de ſon époux.

Le caractére de Darviane ne paroît pas à
M. de Moliere auſſi bien ſoutenu que celui
de *Melanide*. Il trouve ſa jalouſie trop lente

22 LETTRE

& trop moderée pour un jeune homme auſſi bouillant, auſſi impétueux. M. de Moliere ſe trompe. La jalouſie de Darviane ſe déclare dès la troiſiéme Scene du premier Acte; c'eſt-à-dire, la premiere fois qu'on le voit avec Roſalie. Elle éclate dans le troiſiéme Acte, lorſque Darviane ſçait qu'on deſtine Roſalie pour épouſe au Marquis Dorvigny. Quelle violence dans ſes emportemens, même envers ſa maîtreſſe ? Comment donc ne traiteroit-il pas ſon rival, s'il le rencontroit dans ce moment de fureur ? Theodon le calmé en lui rendant ſes eſpérances ſur le cœur de Roſalie. Sa jalouſie paroît éteinte; mais avec quelle promptitude ne ſe réveille-t'elle pas, lorſque le Marquis eſt mandé par Doriſée ? Il va le chercher chez Doriſée même; il lui fait une inſulte marquée. Où eſt la lenteur ? où eſt la modération ? Certainement la cenſure de M. de Moliere porte à faux. M. de la Chauſſée ne fait point *grimacer la figure* * de Darviane. La nature reconnoît ſon ouvrage dans celui de l'Auteur.

* P. 17.
du Jug.

Le Comte d'Ormancé ſe trouve placé dès le troiſiéme Acte, entre le devoir & le plaiſir : le cœur l'entraîne, la raiſon le retient, la paſſion éclate, la vertu agit, le devoir ne triomphe point, le plaiſir n'eſt point victorieux; point de moment, auquel le Comte ſoit ou tout-à-fait vertueux, ou tout-à-fait criminel. Sa volonté demeure ſuſpenduë juſqu'au dénouement. Voilà, ſi je ne me trompe, le caractére du Comte d'Ormancé; M. de Moliere prétend qu'il * ne *mérite pas de louanges.* * Il a raiſon, s'il veut dire que le caractére du Comte n'eſt pas celui d'un homme parfaitement eſtima-

* P. 17.
du Jug.

ble. La nature ne forme pas les hommes
parfaits ; elle leur laisse toujours quelque
trait qui les défigure un peu. M. de la
Chaussée a imité la nature dans le caractére
du Comte d'Ormancé. Il lui donne, non
pas des défauts grossiers ; mais un de ces
foibles que l'on condamne & qu'on excuse
presque en même tems. Si le spectateur
s'offense de voir le Comte rebelle aux mo-
tifs qui le rappellent vers son épouse ; c'est
moins par un sentiment d'indignation contre lui, que par un sentiment de compas-
sion pour Melanide. *L'Auteur*, dit M. de
Moliere, *pouvoit éviter ce défaut, en reculant
jusqu'au cinquiéme Acte la reconnoissance du
Comte avec Melanide.* * M. de la Chaussée a
fait encore mieux ; il a supprimé cette reconnoissance, comme je l'ai déja remarqué.
M. de Moliere s'est sans doute mal exprimé.
Il a voulu dire que l'Auteur ne devoit apprendre au Marquis de Dorvigny des nouvelles de *Melanide* qu'au cinquiéme Acte.
Il me permettra de croire qu'il se trompe.
Le silence de Theodon auroit été absolument
inexcusable : il auroit été contraire à son
caractére d'honnête homme, aux interêts
de Darviane, de Melanide & du Marquis
même. Je remarque aussi que l'amour du
Marquis pour Rosalie séparé des connois-
sances qu'on lui donne du sort de *Melanide*,
auroit été beaucoup moins intéressant. Il
auroit rendu le caractére du Marquis plus
parfait en lui-même ; mais beaucoup moins
convenable au Théatre. Cette réfléxion est
appuyée sur l'autorité de M. Racine. * Il
regardoit une *demie vertu*, (qu'on me per-
mettre cette expression) comme le caractere
le plus propre à intéresser les Spectateurs.

* P. 184
du Jug.

* Dans
le Dis-
cours
qui est à
la tête de

Tel est le caractére du Comte d'Ormancé.
C'est un honnête homme qui ne peut def-
fendre son cœur contre les charmes de Rosalie ; sa passion devient extrême , elle ne lui
laisse pas assez de vertu pour remplir ses devoit dès qu'il les connoît ; mais il les remplit
enfin , en rendant son cœur à *Melanide.* L'Hymen auroit peu de larmes à répandre , si tous
les Epoux , que des charmes étrangers entraî-
nent vers l'Infidélité , n'alloient pas plus loin
que le Comte d'Ormancé.

Le caractére de Rosalie est fort bien ima-
giné. Elle est tendre & presque aussi vive que
Darviane : Mais la bienséance l'oblige à cacher la vivacité de ses sentimens sous les ap-
parences d'une ame toûjours égale & tran-
quille. M. de Moliere , pour exprimer la même idée , dit , que l'*amour* de Rosalie *emprun-
te le coloris de l'enjoûment & de l'indifférence.* La
jolie façon de s'exprimer ! l'égalité d'ame de
Rosalie , contraste à merveille avec les fou-
gues de son jeune amant. Que Rosalie reüssis-
se si parfaitement à se déguiser. Rien n'est
plus naturel. J'ose dire même que rien ne fait
plus d'honneur aux Dames que l'Art de dis-
simuler dans ces sortes d'occasions. On voit
par là que la pudeur & la modestie donnent
au beau sexe un Empire sur ses passions , que
le nôtre ne sauroit acquerir. M. de Moliere ,
avoit dit que le caractére de Darviane n'étoit
*pas à beaucoup près aussi-bien soutenu que celui de
Melanide.* *Il se retracte ici , & dit , en parlant
de Darviane & de Rosalie , *ces deux caractéres
font très-bien soutenus.* Je ne lui reproche point
cette contradiction. Quand on a commencé
par avoir tort , il est permis de se contredire
pour avoir enfin raison.

Le caractére de Theodon , est celui d'un
ami

ami folide , raifonnable & vertueux. M. de
Moliere trouve qu'il fe dément en quelques
endroits. Voici comment il s'explique. Theodon *agit en homme d'honneur , quand il s'efforce
de ramener à fon devoir l'Epoux de Melanide ; mais
fait-il le même rôle en laiffant le Comte d'Ormancé
dans l'efpoir d'obtenir Rofalie , qu'il vient d'accor-
der à Darviane.* Non fans doute , perfonne   *P. 18.
ne reconnoitroit dans une pareille démarche du jug.
la conduite d'un homme d'honneur. Auffi
n'eft-elle pas échapée à Théodon. Je m'inf-
cris en faux contre cette accufation. C'eft
une calomnie.

Au commencement du fecond Acte Theodon, qui ne connoit point le Marquis Dorvigny pour Epoux de Melanide, lui fait efperer la main de Rofalie. Il n'a point encore
promis fa niéce à Darviane. A la fin du même Acte *Melanide* lui apprend que le Marquis
Dorvigny eft fon Epoux. Dès-lors il ne fonge
plus qu'à lui ôter d'injuftes efperances. Pour
en venir à bout , il arrange avec Dorifée le
mariage de Darviane & de Rofalie. C'eft
dans le troifiéme Acte que Darviane reçoit
cette heureufe nouvelle. Depuis ce moment
jufqu'à la fin de la Piéce, Theodon ne dit &
ne fait rien qui ne tende à ôter au Marquis
l'efpoir , qu'on l'accufe de lui laiffer. Sa
conduite eft donc conftament reglée par les
loix de l'honneur & de la probité.

Je ne la trouve pas également foutenuë du
côté de la fageffe. Au commencement du quatriéme Acte , je le vois , qui defefpere Melanide au lieu de la confoler. Sa prudence paroît
aveugle pendant quelque temps : Elle ne lui
fuggere d'abord aucun moyen de s'oppofer
aux injuftes deffeins du Marquis Dorvigny :
ce n'eft qu'après un temps employé dans des

C

reflexions peu folides, qu'il conseille à Melanide de fe préfenter à fon Epoux. Le confeil eft
bon , mais il eft trop fimple , pour qu'un
homme fage ait pû tarder fi long-temps à le
donner.

J'ai dit , que le caractére de Dorifée, dont
Monfieur de Moliere ne dit mot, méritoit
d'être remarqué. C'eft peut-être celui de tous
qui eft le moins foutenu. Dans le commencement de la Piéce elle parle de fon beau-frere
comme d'un homme effentiel & d'un ami
folide , fans qui elle feroit fort à plaindre.
Devoit-on s'attendre à la conduite qu'elle
tient à fon égard vers la fin du troifiéme Acte? Elle mande le Marquis, elle veut lui donner
fa fille fans confulter Theodon : il femble même qu'elle fe défie de fon beau-frere. Quelle
inégalité ! Non, le fexe n'a point affez d'in-
conftance pour rendre vraifemblable un
changement fi extraordinaire.

Je n'ai rien à dire de plus fur les caractéres de la Piéce nouvelle. La diction & les vers
vont encore me mettre en oppofition avec
Monfieur de Moliere. Je ne ferai peut-être
pas fi indulgent que lui fur cet Article. Il ne
critique que les trois vers fuivans.

Le penchant doit finir , où commence le crime ,

    Mais Darviane a trop d'impetuofité.

Ce n'eft pas lui , c'eft vous qui la deshonorez. *

* Jug.
P. 19. &
fuiv.

Le premier ne mérite point de cenfure. Il
exprime une vérité commune , mais c'eft avec
énergie. La fignification étroite du mot *penchant* n'a trompé perfonne. Tout le monde a
pris dans le vrai fens la maxime qui eft énon-
cée dans ce vers. Ce n'eft pas un défaut de

reſſembler quelquefois à Seneque * dans les
ſocietés polies, à la Cour même un peu de reflexion n'eſt pas un ridicule; on n'y déplaît que
par un air trop ſentencieux. On goute le Philo-
ſophe, on ne mépriſe que le pedant. Monſieur de la *Chauſſée* n'a rien à craindre.

 Paſſons au ſecond vers, que Monſieur de
Moliere a critiqué. Il a bien raiſon de le
trouver mauvais & très-mauvais ; mais il a
tord de l'attribuer à Monſieur de la Chauſſée
& de dire : Doriſée fait ainſi le caractére du
fils de Melanide * ; *Mais Darviane a trop d'im-*
petuoſité. Qu'on liſe la Piéce, voici ce qu'on
y trouvera. Melanide dit à Doriſée en parlant de Darviane.

 Je lui vois tous les jours un défaut qui s'augmente *

 Doriſée demande,

  Quel eſt-il ?

 Melanide répond :

   Un peu trop d'impetuoſité.

 La différence eſt grande, comme on voit,
& favorable à l'Auteur. Je ne pardonne pas
à un Juge d'avoir ſi peu d'attention.

 A l'égard du troiſiéme vers, où, en parlant
d'un Arrêt on s'eſt ſervi d'un pronom per-
ſonel, la Grammaire a fourni une raiſon légiti-
me de le critiquer. Je paſſe donc condamna-
tion, & je ne crois pas que l'Auteur lui-même cherche à le juſtifier.

 Monſieur de Moliere me permettra d'éten-

* Jug
p. 20.

* P. 10

* Me-
lanide,
p. 9.

dre ma critique fur les vers de *Melanide*. Une négligence trop marquée, un fens repréhenfible, quelqu'obfcurité, une conftruction defectueufe: Je crois avoir trouvé un peu de tout cela dans la Comédie nouvelle. On en va juger par le détail.

Au refte je déclare que je vais former des doutes, & non des décifions. Je n'oublie pas que je fuis Breton, & que je fçais à peine begayer le François.

Je commence par ce vers.

*Me-
lanide
p. 8.

Pour mes avis je crois qu'il aura quelqu'égard. *

On a des égards *pour* les perfonnes ; mais je crois qu'on a égard *aux* chofes.

* P. 11.

Un cercle moins étroit renfermoit votre zéle. *

Un cercle moins étroit (*que la néceffité.*) Eft-il permis de comparer la néceffité à un cercle ?

Accablé fous le poids d'une chaîne importune, Eh ! Comment voulez - vous aller à la fortu-

P. 12.　　ne ? *

L'amour n'eft pas une chaîne importune. C'eft une chaîne agréable, & c'eft parce qu'elle eft agréable qu'elle empêche ordinairement d'aller à lafortune. Cela n'arrive pas toujours. Il eft des cœurs, que l'amour feul eft capable d'élever aux grandes chofes.

La moindre , (*contrarieté*) dans votre ame aifément enflammée,

Vous donne du dépit, du dégoût, de l'humeur.

    Peut-on dire ? Vous donne dans votre ame,
&c.
Quand Melanide dit :

    Ce Discours vous ennuye, *   *P. 13.

Darviane lui répond,

          En quoi donc ?

    La réponse me paroît impolie. Je ne l'atten-
dois pas d'un Neveu tendre & respectueux.

Le cœur d'un galant homme est son plus sûr Ora-
  cle , *   * P. 14.
Interrogez le vôtre , & suivez son conseil.

    Le conseil d'un cœur bien amoureux ne
doit pas être de quitter une Maîtresse sans
trop sçavoir pourquoi. Dans la place de *Melanide* , j'aurois plûtôt dit à Darviane de ne
point consulter son cœur , & de n'écouter
que la raison & le devoir.

    Il faut paisiblement digerer ce poison.

    Darviane appelle *poison* l'ordre qu'il reçoit
de rejoindre son Regiment. La Métaphore
n'est-elle pas un peu forcée ?

Plus je sens vivement, plus je sens que je sens.   P. 18.

    Est-il vrai qu'on sente son existence ? D'ail-

Cette maniere de s'exprimer est-elle digne du haut Comique ?

*P. 62. Ses Lettres ont été soustraites en secret. *

En secret, est de trop. Il ne sert qu'à augmenter la dureté de ce vers.

*P. 64. Mes efforts pourroient bien devenir superflus. *

J'aimerois mieux *pourront*. Le Marquis paroîtroit resolu à faire des efforts. On lui en sçauroit bon gré.

On a tant de pouvoir sur un cœur vertueux ;
*P. 71. Le sien est fait pour l'être. *

Il étoit inutile de le dire. Tous les cœurs
*P. 80. sont faits pour être vertueux. *

Ce n'est qu'en reparant
Qu'on peut tirer parti des fautes qu'on a faites.

Le verbe *reparer* marche-t-il sans regime ?

*P. 81. Que même son amour vous seroit superflu.

Vers très-superflu. *

Et je suis. *
*P. 83.

Quelle reflexion? est-ce la nature, est-ce la rime qui l'a prêtée à Darviane?

C'est pour elle un supplice : Elle a droit de me fuïr
*P. 86. Ma vie est son opprobre ; elle doit me haïr. *

Je n'aurois rien à dire sur chacun de ces vers, pris séparément; mais je n'aime pas à les voir si près l'un de l'autre.

Quand vous serez instruit d'un secret important,
Dont je ne suis instruit que depuis un instant. *　　*P. 91.

La négligence du Poëte n'est pas excusable dans ces deux vers.

J'espere.

Que vous ne prenez pas le parti de mon pere. *　　*P. 96.

L'esperance n'a point le présent pour objet.

Avant que de sortir de l'erreur la plus chere. *　　*P. 97.

Il manque une conjonction dans cet endroit. J'aimerois mieux que Darviane dît : *Mais avant de sortir* &c.

J'aurois lieu d'esperer que cet infortuné,
Ne démentiroit point le sang dont il est né. *　　*P. 99.

Quelle raison de mettre là des imparfaits?

Ne consentez-vous pas de même à leur bonheur?*　*P. 101

De même se trouve là, pour remplir la mesure du vers.
Voilà donc une trentaine de vers qui ne répondent pas à la beauté des autres. Si j'ajoute que les *ah*, les *hélas*, viennent trop souvent au secours de Monsieur de la Chauffée; que l'Epithete *funeste*, & une ou deux autres lui sont trop familieres, il me semble qu'à

l'égard de la diction, j'aurai porté la mau-
vaise humeur auſſi loin quelle peut aller dans
la critique la plus ſevere ; mais je me flate
qu'on me pardonnera des remarques que j'ai
faites plûtôt pour m'inſtruire que par envie
de cenſurer.

Monſieur de Moliere, reproche à l'Auteur
d'avoir négligé l'harmonie & la cadence des
vers. Il l'a négligée quelquefois, par exemple
dans le vers qui ſuit.

Mel. Mon ſort n'eſt pas des plus heureux ſans contredit.
p. 12.

Ce n'eſt pas le ſeul où l'Hemiſtiche n'eſt
pas *marqué*. Mais il en eſt peu qui lui reſſemblent , & la négligence de Monſieur de la
Chauſſée n'a pas été aſſez générale pour paroître inexcuſable.

Les images ſont douces & gracieuſes , dit
Monſieur de Moliere , *quoique déparées par la
foibleſſe du Coloris*. Je crois entendre un Eleve
de la Peinture , & non pas le *favori* de Tha-
lie : quoiqu'il en ſoit , je trouve dans cette
Phraſe une déciſion qui n'eſt ni exacte ni
reflechie.

Ce n'eſt pas donner une juſte idée des images de la Piéce nouvelle , que de dire ſimple-
ment qu'elles *ſont douces & gracieuſes*. Qu'on
liſe la ſixiéme Scéne du troiſiéme Acte , & la
premiere du quatriéme. On y verra l'infidélité du Marquis Dorvigny ſous les couleurs
les plus fortes & les plus odieuſes. L'image n'eſt point douce , elle auroit été ridicule.

Qu'on examine avec ſoin le caractére de
Darviane , la peinture de ſon état malheureux , l'Hiſtoire des Amours de Melanide
avec le Comte d'Ormancé. On ne ſe plain-

dra point *de la foiblesse du Coloris.* On verra des images où la douceur, la vivacité, la force se trouvent toujours à propos ; on conviendra que la nature n'est pas plus animée que la plume de l'Auteur. Je finis cet article par une reflexion sur le stile de Monsieur de Moliere ; je ne le connois plus, tant il est changé. Encore une nuance ou deux *de ce Coloris* dont quelques-unes de ses Phrases sont barboüillées, & l'Auteur des *précieuses ridicules* pourroit fort bien devenir le sujet de sa Comédie.

Le jugement de *Melanide* fut terminé par l'examen des Scénes, Monsieur de la Mothe en fut chargé. *Les quatre Scénes du premier Acte*, dit-il, *sont regulieres.* Il est à remarquer qu'il y en a cinq. Peut-on compter sur les décisions d'un Juge si mal instruit ? La quatriéme Scéne, n'est pas trop reguliere. La regle veut qu'on rende raison de l'entrée & de la sortie de chaque Acteur. A l'égard de l'entrée, Monsieur Corneille croit qu'il est permis de se dispenser d'en rendre raison ; mais ce n'est qu'au commencement de chaque Acte. Cette restriction confirme la regle au lieu de l'affoiblir ; je reviens & je demande quelle raison amene Rosalie sur le Theâtre, pour former cette quatriéme Scéne ? Je n'en trouve point. Rosalie est une fille bien élevée ; la bienséance ne lui permet pas de venir d'elle-même au-devant de son amant ; elle ne doit pas y venir non plus par l'ordre de Dorisée. Une mere qui défend à sa fille de voir un amant, ne l'envoie pas lui en donner avis ; le parti n'est ni décent ni trop sûr.

Monsieur de la Mothe critique, dans la seconde Scéne du second Acte, la confidence que Melanide fait à Theodon. *Il étoit plus*

* P. 25.

* Discours de P. C.

naturel, dit-il, *qu'elle se confiât à Dorisée qu'elle aime depuis long-tems.* * Melanide pouvoit faire part de son Histoire à Dorisée ; j'ai dit ailleurs quelle l'auroit dû au lieu de s'opposer au mariage de Darviane, & de Rosalie ; mais elle fait fort bien dans cet endroit de donner sa confiance à Theodon ; rien n'est plus naturel. Les éloges, que Dorisée a donnés à son beau-frere dans le premier Acte, le secours que Melanide attend d'un ami si généreux, la connoissance qu'il a déja d'une partie de ses malheurs, tout engage Melanide à ne lui rien cacher de ses avantures. D'ailleurs sur l'Article de la discretion, le préjugé, (car c'en est un) n'est pas favorable aux Dames.

Que je sçais bon gré à Théodon d'interrompre Melanide au milieu de son récit pour lui demander si elle n'eût pas un fils ! par là il lui épargne la moitié de la peine d'un aveu trop embarassant. Je ne vois donc rien dans cette *Scéne* qui mérite d'être repris. Melanide fort pressée par le désir de voir le Marquis d'Orvigny dont l'Histoire est si conforme à celle de son Epoux : aucune raison ne porte Théodon à suivre Melanide. Il ne sçait pas pourquoi elle se retire ; il lui a promis tout ce qu'elle pouvoit attendre de lui, elle n'a rien de plus à exiger ; j'avoue pourtant que Theodon reste seul sur le Théâtre sans qu'on sache trop ce qui l'y retient. Le retour de Melanide est plus vraisemblable. Elle reconnoît le Comte d'Ormancé dans le Marquis d'Orvigny ; elle est saisie dans ce premier moment. Quand elle revient à elle-même, il n'est plus temps de se jetter dans les bras de son Epoux. Il est sorti. Melanide vient donc faire part de sa joie à cet ami, lui vient de partager ses pleurs ; quoi de plus raisonnable ? Une telle conduite n'a pû être censurée que parce qu'on ne s'est pas donné le temps de l'examiner.

Monsieur de la Mothe ne dit rien de la sixiéme Scéne du second Acte, je crois qu'elle mérite des éloges ; elle tire Theodon d'un pas assez embarassant , elle apprend à Melanide les nouvelles amours de son Epoux , d'une maniere que je ne puis trop admirer. L'évanoüissement de Melanide n'a rien qui blesse la vraisemblance ; il finit le second Acte fort naturellement.

Monsieur de la Mothe applaudit aux deux Scénes du troisiéme Acte , dont l'une se passe entre Darviane & Rosalie ; l'autre entre Darviane, Rosalie , & Theodon ; mais dit-il, *elles sont entierement copiées d'après le Tartufe de Moliere.*

La Copie n'est pas exacte , & la diffe- *P. 25.* rence qui s'y trouve est à l'avantage de Mon- du jug. sieur de la *Chauffée* ; le personnage que fait la soubrette de Moliere n'est pas comparable au rôle de Theodon. Il y a un peu de farce dans la Scéne du *Tartufe*, & beaucoup de finesse dans celle de Melanide. Qu'on ne reproche donc point à Monsieur de la Chauffée ce trait de ressemblance avec Monsieur de Moliere. Il est permis d'imiter , quand on surpasse ses modéles.

Dans la sixiéme Scéne de cet Acte le Marquis apprend , dit Monsieur de la Mothe , *que Melanide est dans la maison de Dorifée.* C'est encore une erreur de Monsieur de la Mothe , le Marquis apprend seulement que Melanide respire , qu'il en est toujours aimé , & que Theodon a retrouvé cette tendre Epouse. La surprise du Marquis est

exprimée fort naturellement , *une exclama-*
tion contre la fatalité du fort, * fuivie de tout
ce que l'Auteur fait dire au Marquis , répond à la beauté de cet incident. Je demande à Monfieur de la Mothe ce qu'il
veut qu'on dife de plus. Il finit ainfi la
critique de cet Acte. *Dans la feptiéme Scéne*
Darviane vient fort à propos relever l'atten-
tion des Spectateurs trop affoiblie par la fin de
la troifiéme. *

L'attention ne languit point dans cet Acte. Elle y eft foutenue par la querelle , &
le racommodement de Darviane avec Rofalie, par les nouvelles que Theodon donne au Marquis de fon Epoufe ; par la cu-
riofité qui naît dans l'efprit des Spectateurs,
de fçavoir pourquoi Dorifée mande le Marquis Dorvigny. Je ne releve plus les er-
reurs de Monfieur de la Mothe , quand il
cite les Scénes : elles font trop fréquentes
& de trop peu de conféquence : je commence à me repentir de mon exactitude ;
elle m'ennuye , & par malheur je ne ferai
peut-être pas le feul qu'elle fatiguera.

Je pafferai donc légerement fur la criti-
tique du quatriéme Acte ; elle fe réduit a
très-peu de chofe. *Je ne puis,* dit Monfieur
de la Mothe, *pardonner à Monfieur de la Chauf-*
fée de n'avoir pas fait paroître Darviane ; auf-
fitôt *cette Lettre reçue,* * *Melanide reprend fon*
difcours avec Theodon ; ne devoit-elle pas voler
au lieu de la querelle ? *

Je réponds , qu'après *cette Lettre reçue,*
Melanide & Theodon ne fe difent rien d'i-
nutile , & qui ne convienne à l'incident.
Ils arrêtent enfemble que Theodon ira join-
dre le Marquis , & que Melanide empêche-

ra Darviane de fortir. Le parti eft raifonnable. Cela fuffit pour juftifier Monfieur de la Chauffée. Dans des évenemens fi fâcheux il eft rare qu'on prenne le meilleur parti. La vraifemblance eft donc gardée dans cette occafion.

Tout le monde avoue que rien n'eft plus touchant que le refte de cet Acte : je remarquerai feulement qu'après une reconnoiffance auffi tendre que celle de la mere & du fils, Melanide quitte Darviane. Pourquoi ? Pour cacher fes pleurs. Ce prétexte ne me paroît pas affez plaufible.

Dans le cinquiéme Acte, Monfieur de la Mothe cenfure le Difcours que Darviane adreffe au Comte d'Ormancé ; il lui femble trop recherché pour être naturel, Monfieur de la Mothe auroit fuprimé cette reflexion s'il s'étoit donné le tems d'en faire une autre dont je vais lui faire part. Theodon n'a pas éclairci les doutes de Darviane au fujet du Marquis ; ce n'eft pas un fait fuppofé ; Monfieur de la Chauffée a feulement oublié d'en inftruire clairement le Spectateur. Darviane impatient de fortir de fon incertitude vient trouver le Marquis ; fon deffein eft de l'obliger adroitement à s'expliquer : Il a dû préparer le Difcours qu'il lui adreffe : il n'eft pas étonnant qu'il paroiffe recherché ; cet air recherché devient naturel dans cette occafion. D'ailleurs ce Difcours eft affez beau pour mériter que la critique même fe change en admiration.

Monfieur de la Mothe avoue, en finiffant, que les défauts de *Mélanide* ne l'empêchent pas d'être une Piéce charmante. Il prétend même *que fes attraits reçoivent un nouvel*

* p. 26. du jug.

éclat de quelques legeres imperfections. C'est une
pensée fausse. Les imperfections ne produisent pas dans un Ouvrage l'effet que les
ombres produisent dans un tableau. J'ajoûte ici une réflexion plus vraie & plus solide, qui n'auroit pas dû échapper à M. de la
la Mothe. Elle tombe sur les Monologues,
dont la Piéce nouvelle est chargée. Je ne
fais grace qu'à deux ou trois ; tous les autres, ceux de Theodon sur-tout, me parois-
sent défectueux. La vraisemblance ne fait parler un Acteur tout seul, que lorsqu'il est
agité d'une violente passion, ou qu'il roule
dans son esprit des projets qui l'embarras-
sent. Or Théodon ne se trouve jamais dans
le cas de ces réfléxions embarrassantes, ni
de ces vives émotions. Il est trop évident
que les Monologues de cet Acteur n'entrent
dans la Piéce, que pour en lier les Scénes.
M. de la Chaussée auroit dû s'en passer,
ou déguiser adroitement le besoin qu'il en
avoit.

Vous le voyez, M. j'ai suivi, j'ai combattu jusqu'à la fin le *Jugement*, que les *Maîtres de l'Art* ont porté sur *Mélanide*. Si cependant il est vrai que des décisions si peu ré-
fléchies soient émanées d'un aréopage si res-
pectable ; car je vous avoue que je n'en crois
rien, & je les attribuerois volontiers au
Voyageur qui m'en fit part chez M...si
je n'avois été témoin des éloges qu'il donna lui-même à chacune de ces décisions. Je
ne sçaurois m'imaginer qu'on loue ses pro-
pres sentimens. On peut les trouver fort
bons, les admirer, & s'applaudir si l'on veut.
Jusques-là on ne court risque que de se trom-
per. Le mal n'est pas grand : mais cette pe-

tite

tite Scéne de l'amour-propre doit se passer dans le secret du cœur : le ridicule est inévitable quand elle transpire au-dehors.

Au reste, si notre Voyageur s'est proposé d'en imposer au Public ; s'il s'est flatté que ses idées ne paroîtroient pas indignes des premiers Hommes du siécle de Louis le Grand ; j'ose lui apprendre qu'il s'est trompé. Il ne doit pas en être surpris. Il faudroit être de niveau avec ces génies supérieurs, pour les faire penser & parler comme eux-mêmes.

Pour moi je n'ai garde de mettre des noms si respectables à la tête de mes observations. Je sens trop bien que personne ne prendroit le change. Je les donne pour ce qu'elles sont ; c'est-à-dire, pour les opinions d'un homme qui a lû attentivement *Mélanide*, & qui dit naturellement ce qu'il pense de cette Comédie. Il est vrai que je n'aurois pas écrit sur ce sujet, si je n'avois été choqué de voir *Mélanide*, attaquée par des traits si peu dignes d'elle. J'ai crû qu'elle méritoit des regards plus attentifs & plus curieux : je me suis donné le tems de l'examiner de près : il le falloit pour appercevoir ses imperfections. Les beautés de cette Piéce sont frappantes ; ses défauts sont presque imperceptibles ; je ne me repens pas de ma curiosité ; je n'ai pas le chagrin d'être obligé d'enlever à *Mélanide* une partie de l'estime que j'avois pour elle ; au contraire, je la trouve aujourd'hui plus belle que jamais.

Voilà, Monsieur, ma façon de penser sur la Piéce nouvelle ; elle pourroit regler la vôtre, si mes lumieres étoient égales à mon désintéressement ; car l'Auteur du *Jugement*

D

sur Mélanide m'est inconnu, & je n'ai point
l'avantage de connoître M. *de la Chauffée.*

Je suis, Monsieur, votre
très-humble Serviteur.

Lû & approuvé ce premier Juillet 1741.
CREBILLON.

*Vû l'Approbation du Sieur Crébillon, permis
d'imprimer. A Paris ce* 4. *Juillet* 1741.
MARVILLE.

De l'Imprimerie de la Veuve DELATOUR,
1741.